Nessuna distanza potrà mai dividerci dalle persone più care: come l'onda non potrà mai dividersi dal mare. Non serve lo sguardo degli occhi per aprire le porte del cuore.

Dedico questo libro al signor Luigi Varipapa che è sempre vivo e vivente nei ricordi di chi lo ha conosciuto e in ogni passo da lui lasciato sulla bellissima terra di Cirò Marina.

Ringrazio tutti i suoi familiari per aver condiviso con me il desiderio di scrivere questo breve libro in suo onore.

L'indifferenza è stato il virus peggiore in questa vicenda, un uomo non va protetto solo dai contagi fisici ma soprattutto dalla peste più nera, quella che ti toglie la vita anche se sei ancora vivente!

La guerra è sempre responsabile di stragi degli innocenti, il Covid è peggiore della guerra in quanto nemico invisibile, subdolo e difficile da catturare.

In tutto questo scenario, però, bisogna ricordarsi di non aggiungere guerra alla guerra, di non mutilare la libertà delle persone anche quando non è il caso, di non continuare a creare situazioni di isolamento per gli anziani che mai come ora sono mendicanti delle carezze d'amore più che del loro pane quotidiano.

Grazie a tutti

Elisabetta Turano

COVID 19 E L'INGIUSTA MORTE DI LUIGI

"Che male c'era…che male c'era?" Così si chiedevano tutti.

E ancora adesso continuiamo a chiederci: "Che male avrebbe fatto il signor Luigi recandosi da solo nella sua amata vigna?"

Personalmente mi sento in grado di elogiare un uomo che alla sua età, ottantanove anni, aveva lo spirito e la tenacia di recarsi tutti i giorni in campagna. Queste sono le vere persone che non muoiono mai, che ci lasciano una grande eredità: la forza della volontà e della saggezza, la forza di lottare contro ogni intemperia.

Cirò Marina è la cittadina calabrese in provincia di Crotone dove, il 14 aprile del fatidico anno 2020, è stata pubblicata su giornale "Il Cirotano" la notizia che mi ha profondamente sconvolta:

"Non ce l'ha fatta proprio più a restare recluso (senza reato) in casa per altri giorni, altre settimane, magari mesi, e oggi ha deciso di farla finita.

Si chiamava Luigi Varipapa, 89 anni, l'anziano signore di Cirò Marina, costretto anche lui dall'emergenza coronavirus a restare in casa oramai da più di un mese, lontano dalla gente del posto e da troppo tempo dalla sua abitudine quotidiana, quella di andare alla propria vigna. In questo brutto periodo flagellato dalla pandemia del Covid 19, la patente già ritirata per età, impossibilitato ad andare in campagna con il figlio per le molteplici ordinanze restrittive nazionali e regionali che impongono misure molto restrittive sugli spostamenti delle persone, il signor Luigi aveva manifestato più volte un forte stato di angoscia e di malessere per una situazione per lui diventata insopportabile. E così, questa mattina intorno alle ore sei, è salito al piano superiore dove abita il figlio per chiedergli per l'ennesima volta se poteva accompagnarlo alla vigna, ma questi lo aveva tranquillizzato dicendogli che tutto sarebbe finito tra qualche giorno e poi avrebbe potuto portarlo in campagna.

Verso le sette, però, il figlio sente uno strano rumore al piano inferiore, scende giù e vede suo padre riverso per terra con accanto una piccola pistola. Allertati subito i Carabinieri della Compagnia di Cirò Marina che hanno immediatamente richiesto i soccorsi, ma arrivati non c'è stato niente da fare per l'anziano che, evidentemente, era deceduto sul colpo. "

(articolo tratto da "Il Cirotano" 14 aprile 2020)

La prima cosa che avevo pensato di fare è stata quella di scrivere per lo stesso giornale questa lettera, per onorare pur nella tragica circostanza, il signor Luigi e la sua famiglia.

"Non conosco la vittima, né i suoi famigliari ma quando ho appreso la notizia della dell'anziano signore di Cirò Marina, mi è venuto in mente mio padre, deceduto nel mese di gennaio 2020, anche lui profondamente legato alla sua campagna che quasi considerava la propria madre.

Da me DEDICATO A LUIGI:

La tua esistenza non avrà fine in questa buia e scucita pagina della nostra storia, una pagina che il Sole della Memoria non avrà paura di abbracciare, perché il Sole non ha pregiudizi. Questo sole parlerà di te, alla tua vita, alla tua campagna, alla tua libertà. Come aquila tarpata ingiustamente nei suoi voli, così tu ti sentivi prigioniero senza reato e sognavi di poter volare ancora. Così sarà, per sempre! Ora sei in un mondo nuovo dove non mancherà la luce della vita, dove coltiverai i semi dell'amore per i tuoi cari e non la solitudine imposta da un mostro invisibile e senza pietà. Non avrai più paura per le piante strappate dalla pioggia e dai venti, un'eterna primavera riuscirà a capire quello che provavi e che forse sfugge ai più. Ora sei la vittoria e non più la rinuncia, sei il successo e non più la sconfitta, sei l'immensità al di là di ogni confine, sei come gli alberi dai secolari tronchi che perdono le foglie ma non la loro essenza. Non esistono gabbiani che non conoscono il mare, ora non ci sono ombre ad oscurare il tuo splendore."

La solitudine a volte è quel silenzio che ci culla e ci mette in contatto con i mondi più nascosti della nostra anima, a volte è un tunnel infinito senza luce dove trionfano la paura e la disperazione.

Gli anziani sono le vittime preferite del coronavirus, sia per la loro fragilità fisica che li porta a non sopravvivere alle aggressioni della malattia, sia alla solitudine più atroce.

Tanti sono lontani dai propri figli e da altri parenti, di tanto in tanto in alcune città ricevono di tanto in tanto la telefonata di qualche volontario. Non è facile consolare un anziano dicendogli *rimani in compagnia di te stesso.*

Posso solo immaginare cosa potesse provare Luigi, non faccio molta fatica perché così era anche mio padre: spirito libero, amante della vita vera, senza costrizioni e trincee, spirito coraggioso che non teme nemmeno la morte pur di difendere la sua libertà. Questi sono gli uomini di parola, uomini coerenti e avversi ad ogni sorta di ingiustizia.

Per Luigi, vivere prigioniero in casa in nome della pandemia era assurdo e mi permetto di aggiungere che tanti decessi, in questa epoca funesta, sono stati causati non dal Covid in sé ma dall'isolamento forzato che ha creato una delle più gravi malattie: la paura di vivere. Certo, non solo gli anziani ma anche i giovani hanno manifestato segni di forte disagio e squilibrio a causa del regime di lockdown totale.

Mi viene in mente un antico detto del saggio poeta Oratio:

"La via di mezzo è sempre la migliore" Anche in situazioni di emergenza, è necessario sempre salvaguardare la vita, con o senza virus. Mi riferisco in modo particolare a tutti gli anziani che sono venuti a mancare non per il Covid ma per la grande disperazione, costretti a vivere lontani dalle persone più care e dalla forza delle loro abitudini.

Con le dovute precauzioni molte inutili tragedie si sarebbero potute evitare, come nel caso di Luigi che io non nominerei "l'anziano" ma la "quercia". Solo che anche le querce, ai bombardamenti delle trincee non sopravvivono. Per Luigi, quella vita di lontananza forzata dalla sua amata vigna era come la vita dei soldati colpiti da raffiche di guerra in ogni momento.

In fondo, sarebbe andato da sola nella sua terra, ad occuparsi della sua vigna. Che male c'era?

Chissà quanti scienziati sono pronti a rispondere a questa domanda, ma nessuno tra loro può rispondere alle richieste del cuore di Luigi.

La guerra peggiore è lasciare nell'indifferenza totale le persone più indifese, il virus peggiore è quello che contagia il nostro cuore e ci fa credere di essere inutili. Tagliare le ali a chi ha ancora voglia di volare, è una violenza. Ci sono state e ci sono tuttora molte contraddizioni per quanto riguarda i vari provvedimenti in merito alla gestione dell'emergenza epidemiologica, non finiremo nemmeno nel prossimo millennio di discutere su ciò che è giusto e su ciò che è sbagliato.

Ma non si può comunque fare di tutta l'erba un fascio. E' questo il killer che uccide di più.

La morte di Luigi, però, non è un addio. No, lui vivrà ancora nella sua bellissima terra, nella bellissima cittadina di Cirò Marina, dove il mare è simbolo di eternità, di forza, di coraggio e di valori che nessun decreto potrà scalfire e nessuna restrizione potrà oscurare.

Le terre di Cirò sono il biglietto da visita delle migliori produzioni di vino e la storia del vino di Cirò ha inizio nell'VIII secolo a. C. quando alcuni coloni dalla Grecia approdarono sul litorale di Punta Alice e fondarono Krimisa, nome derivato probabilmente da quello di Cremissa, una colonia greca dove sorgeva un importante tempio dedicato al Dio del vino, Bacco.

Si dice che il Krimisa fosse nell'antichità il vino ufficiale delle Olimpiadi

I coloni greci, sbarcati sulle coste calabresi, rimasero colpiti della fertilità di questi vigneti e chiamarono questa terra "Enotria", la terra dove si coltiva la vite alta.

Il vino di Cirò è stato il primo vino calabrese a potersi aggiudicare la denominazione di origine controllata: è DOC dal 1969. Merita una menzione particolare il "gaglioppo", una varietà di vitigno autoctono coltivato soprattutto nella costa calabrese, grazie al clima mite e ventilato della zona e alla presenza di terreni secchi.

Un territorio arricchito da due tesori Cirò Marina, quello del mare e quello della terra. Luigi li amava tutti e due, erano la sua linfa vitale, il legame con le vere radici della storia e della vita stessa.

Oggi Cirò Marina è un centro molto rinomato e il suo mare nel corso degli anni si è guadagnato il titolo di BANDIERA BLU per la qualità del suo mare, dove molti turisti si recano per godersi la vita marittima e dedicarsi a vari sport legati all'acqua, ma anche per scoprire l'importante eredità storica della Magna Grecia. Scoprire Cirò Marina significa respirare l'aria che profuma di vino, di mare e di vita e vedere un paesaggio costellato da roccaforti antiche, oltre all'azzurro surreale del mare e alle distese immense di vigneti.

Qui prevale la bellezza delle cose semplici, così come era semplice e solenne nel contempo il cuore di Luigi.

Un verde prato trapuntato di fiori colorati in primavera, le estese e fitte boscaglie, i fichi d'India che ci salutano a ridosso della spiaggia, le mitiche residenze rurali circondate da aranceti, vigneti, uliveti che colorano l'indimenticabile dipinto del paesaggio mediterraneo, di cui porterai sempre il ricordo nel cuore sono la più grande ricchezza di questi luoghi.

Luigi ha contribuito e ancora concorre, con l'esempio della sua tenacia, a scrivere una delle più belle pagine nel libro di storia della Calabria.

Non dobbiamo dimenticare che, nella mentalità dei contadini, il valore più importante non è quello prevalentemente economico ma è un valore legato alla dignità, all'onore, all'orgoglio.

Orgoglio delle proprie mani, delle loro idee semplici e coraggiose, impronte di mani ricoperti dalla ricchezza della terra, dalla capacità di sfidare tutte le intemperie.

Voglio dedicare a Luigi e a tutti i contadini una mia poesia:

Profezia del contadino

Voglio sparger questi semi

nelle terre aride

dove un giorno brillerà

la nobiltà di queste mani.

Il sole ascolterà le mie parole

e lo stentar dei miei pensieri

darà fertili terre ai poderi più spogli.

Il sole ha guardato i miei occhi

e un'aquila bianca

trasporterà il mio canto

tra i palpiti del mondo.

Ed io continuerò

a sparger questi semi

finchè non vedrò più

Terre brulle intorno a me

Il contadino: un mestiere non solo di braccia ,ma di fantasia, filosofia e valorizzazione della sensibilità.

L'agricoltura è la madre dell'uomo, la terra non ha prezzo, difendiamola dalla desertificazione!

RINGRAZIAMO I CONTADINI PERCHE' SENZA LA LORO OPERA NON CI SAREBBE CIBO.

RINGRAZIAMO LUIGI PER AVER DEDICATO LE SUE MANI ED IL CUORE AI BELLISSIMI E FAMOSI VIGNETI DI CIRO' MARINA!

Come dice Papa Francesco: "E' saggio non emarginare gli anziani dalla vita sociale per mantenere viva la memoria di un popolo".

Le persone anziane sono come i bambini, hanno bisogno di pazienza, comprensione, affetto. La loro vita è fatta di routine e di bisogni che a volte non comprendiamo.

E' molto importante trattarli con naturalezza riconoscendo le loro virtù e accettando i loro limiti.

L'isolamento sociale è un fenomeno che genera disagio in genere, negli anziani in modo particolare e può incidere negativamente sulla qualità della vita, compromette le attività quotidiane e il soddisfacimento dei bisogni primari.

LA VOCE DEGLI ANZIANI

NON FA RUMORE

MA CHIEDE

DI VEDERE UN SOLO VOLTO:

QUELLO DELL'AMORE.

Da molte indagini emerge che, nonostante le aspettative di vita siano notevolmente migliorate, a ciò non corrisponde un'altrettanta qualità del tempo, vissuto molto male dagli anziani, spesso abbandonati a se stessi e vittime di isolamento sociale.

Luigi, invece, non sembrava proprio rientrare in questo quadro restrittivo, era lontano dall'immagine degli anziani soli ed infelici perché non più capaci di badare a se stessi e senza nessuno che lo faccia al posto loro. Luigi era ancora forte come la tempra e lo spirito dei contadini fedeli alla terra.

Certo, non è facile affrontare l'isolamento imposto dall'epidemia di coronavirus senza "andare fuori di testa".

Questo è uno stato di isolamento forzato che è arrivato come un fulmine a ciel sereno nella nostra vita.

Ci siamo trovati di fronte a molte limitazioni rispetto alla nostra libertà di movimento, di comunicazione con gli altri, di interazione.

Non tutti gli esseri umani e soprattutto gli anziani si affidano alla resilienza che ci consente di adattarci alle situazioni più estreme e a reagire alle esperienze più avverse della vita senza soccombere.

La resilienza è fatta di flessibilità mentale, creatività, umorismo, capacità di sdrammatizzare. Un anziano non possiede tutte queste caratteristiche che con l'usura del tempo e il passare degli anni si affievoliscono, così come ad una certa età non è più facile controllare e gestire le proprie emozioni.

Allora si arriva ad un punto in cui non ce la fai più! E' quello che è successo a Luigi e sicuramente a tante altri esseri umani.

Appunto, siamo essere umani non cuori di pietra.

I decreti purtroppo non tengono conto di tutto ciò e Luigi non è stato capito dai legislatori.

I decreti hanno ignorato la tacita disperazione di un uomo che si è trovato confinato in una vita di isolamento, una vita che non gli apparteneva. Una vita che si consumava da tempi in un isolamento che pareva senza fine.

Senza alcun dubbio, Luigi non è stato l'unico a vivere in modo drammatico queste restrizioni che prevedono l'uscita da casa solo per necessità e motivi di salute. A lui mancava la sua vita quotidiana come l'aria e il suo entusiasmo di recarsi nella sua amata vigna era naufragato miseramente non nel mare della speranza, ma in un tunnel dove non si intravedeva nessuna via d'uscita. Non dimentichiamoci che gli anziani non hanno dimestichezza con le videochiamate o con i messaggi watshapp o con il mondo digitale in genere.

Togliere ad un anziano le proprie secolari abitudini significa ucciderlo!

La famosa "via di mezzo" nel caso di Luigi come in tante altre situazioni, avrebbe potuto salvare una vita, anzi molte vite vittime di privazione degli averi essenziali.

Mi affido ancora una volta ai proverbi:

"Beato chi va per la via di mezzo" la natura ama la via di mezzo e, secondo i Latini, c'è una giusta misura nelle cose, ci sono giusti confini al di là dei quali non può sussistere la cosa giusta.

Sotto il profilo politico e sociale, la via di mezzo dovrebbe essere l'impegno a rispettare la dignità della vita che viene prima di qualsiasi ideologia. I comportamenti eccessivi non conducono alla pace, mentre la via di mezzo è un impegno ragionevole, è equilibrio e saggezza.

"LA VIRTU' STA NEL MEZZO" mi piace ancora ricordare il poeta latino Oratio e questa sua espressione che ci invita a seguire l'equilibrio che si colloca sempre tra due estremi, cioè fuori da ogni esagerazione.

Sempre lo stesso Oratio ha scritto:

"La virtù è il punto medio tra due difetti, da entrambi equidistante"

Per un uomo di 89 anni, abituato a vivere ogni giorno nel verde, a respirare l'aria della sua campagna, a vedere crescere la sua vigna non è certamente facile vedersi prigioniero delle mura di casa, con pochissime prospettive all'orizzonte di poter tornare nella sua desiderata oasi.

LA FRAGILITA' DI LUIGI NON E' STATA DEBOLEZZA, MA CAPACITA' DI ESSERE LEALE CON SE STESSO, RAFFINATEZZA DELL'ANIMO DEL CONTADINO CHE HA SEMPRE SAPUTO ASCOLTARE LE VOCI DELLA NATURA.

ORAMAI ERA TROPPO LONTANO L'ORIZZONTE DELLA LIBERTA', LA SUA STAVA DIVENTANDO UNA VITA NON VISSUTA. ADESSO LUIGI E' TORNATO NELLA SUA DESIDERATA LIBERTA', PER SEMPRE.

Ho avuto modo di ascoltare il disagio psichico di altre persone che come Luigi hanno perso la vita o hanno vissuto eventi traumatici non a causa del Covid ma per decisioni assurde imposte da altrettanto assurdi protocolli che hanno mandato alla deriva tantissimi posti di lavoro.

Dipendenti licenziati o demansionati e costretti a svolgere un'attivata non di propria competenza (anche questo è un modo di mortificare e uccidere un essere umano) e la mia desolazione aumenta quando si scopre che tali scelte estreme dai datori di lavoro a da chi per essi avrebbero potuto essere evitate!

A volte i rimedi sono peggiori dei mali: Luigi ha saputo resistere al gelo, al vento, al sole ma non ha tollerato il freddo dell'indifferenza e delle incomprensioni. Quest'uomo è stato privato del cibo della sua anima, dell'acqua che dissetava il suo cuore, di quella strada dinnanzi a lui orami diventata solo un punto di non ritorno. Una persona muore o nella mente o nel corpo quando non ha nulla più di cui nutrirsi.

Non si fa fatica a capire lo stato d'animo di Luigi. Persino i più forti guerrieri crollano e si arrendono quando si vedono privi delle loro armi da combattimento e resistenza.

Non c'è più spazio neanche per i sogni e per l'attesa di un futuro migliore, quando si vedono solo muri grigi di cemento.

Di fronte alla terra che ti manca sotto i piedi, ti senti attanagliare da un'angoscia fatale, da un senso di smarrimento, dal desiderio di ribellarti ma senza prospettiva di successo. Puoi guardare ancora quel mare infinito che ti ha dato tanto, ma nemmeno l'immensità del mare riesce a liberarti dalla sensazione cruenta di impotenza che stai provando in quel momento. Sembra che il cielo ti sia crollato addosso, il passato pare non avere più valore, tutti i tuoi sforzi sono diventati il nulla del nulla. E allora pensi di farla finita perché ti senti annullato, non capito, e magari gli altri credono che tu stia esagerando…certo, non vivono le tue stesse sensazioni.

Essere costretti a vivere una vita che non ci appartiene è una delle peggiori cose che ci possa capitare, solo che nessuno lo capisce e continua l'imperare della disperazione tra nuovi decreti che si occupano di tutto tranne che di tranquillizzare le vittime delle restrizioni estreme a causa del Covid.

E' vero, innanzitutto è urgente evitare le occasioni di contagio, ma esiste un mostro peggiore del Coronavirus: quel mostro che non fa sentire più un uomo un essere umano, ma se tutto va bene "un soldato in trincea" privato dei riferimenti familiari e della sua essenza di lavoratore e di cittadino. Ti trovi in un labirinto senza via d'uscita e pensi solo di dover chiudere con il mondo.

Nel caso di Luigi, è ben noto che l'agricoltore è uno dei pochi ad avere ancora nel cuore la Madre Terra, guai a portargliela via, a toglierla dalle sue mani. Coltivare un campo è come comporre una poesia, richiede dedizione, passione, parte di noi stessi, creatività e desiderio di rinascita.

Inoltre, gli anziani tornano ad essere bambini, non riescono a conciliarsi con l'attesa, non hanno la pazienza più di aspettare a lungo.

Ancora una volta gli anziani sono stati seppelliti dall'indifferenza altrui.

GLI ANZIANI

NON SONO PAGINE

SBIADITE DAL TEMPO

E I SILENZI DELLE LORO RUGHE

PARLANO

AD UN LIBRO

CHE MAI TRAMONTERA'.

I contadini sono attaccati alla terra da antichi vincoli di tradizione, sono poeti che sanno parlare agli alberi, al cielo, ai venti.

Voglio dedicare ancora una poesia a Luigi e a tutti i contadini:

Canto del contadino:

"Grazie per sempre"

Lascio la falce

solo un momento

e guardo l'aurora

che accoglie la vita.

Parole nascoste

tra rughe di vento

io voglio cantare

nell'aria e nel sole.

Grazie per sempre in un solo momento

Per cime frondose

nate da sterpi

e acini d'uva

da viti appassite

Voglio bere la vita

da eterne sorgenti

per dare ai miei cari il verde

e la luce.

Grazie per sempre in

questo momento.

Dammi ogni giorno

radici di sogni.

Fammi sognare

Quello che ho già.

Non esistono parole per esprimere e quantificare l'amore di un contadino verso la sua terra, questo amore è in grado di sfidare le tempeste e la tirannia del tempo. Questo amore è in grado di dare un senso al mondo. Tutto fa parte della loro storia, una storia di pagine colorate, giorno dopo giorno, dalle mani immerse nel verde dei campi, delle foglie e dei fiori della speranza.

Tante persone non amano il proprio lavoro, lo credono lontano dalle proprie passioni. Luigi era, è e sarà sempre tra noi un "fortunato" perché ha coltivato a testa alta quella terra che era stata a lui assegnata.

E LE PASSIONI NON HANNO FINE, VIVONO IN ETERNO.

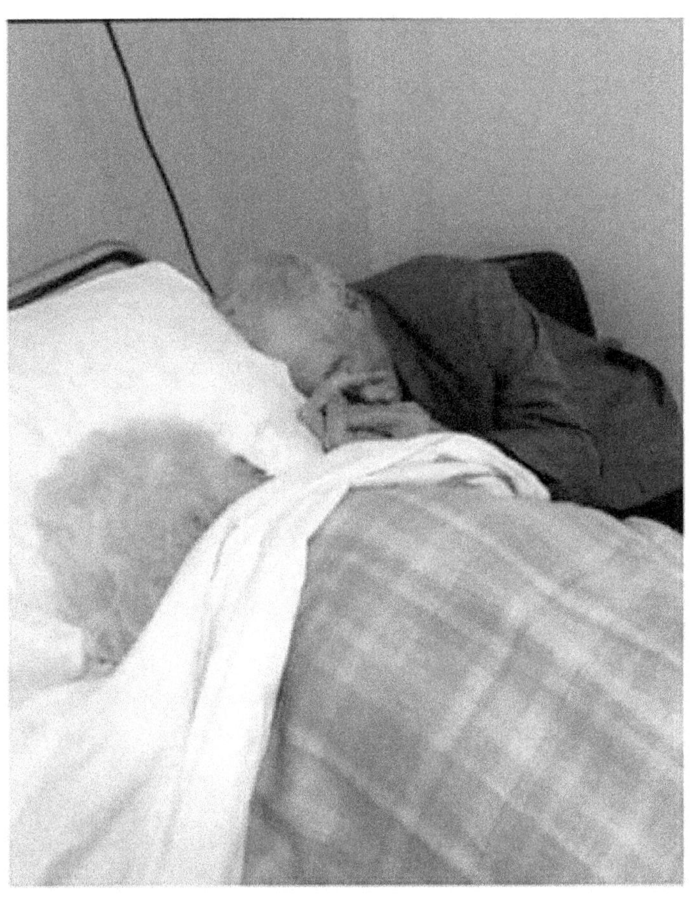

La grandezza del cuore di Luigi si rivela in questa immagine di tenerezza e fedeltà appartenenti alle persone di "valore". Un valore che scavalca la ricchezza delle tasche perché si nutre di ciò che non morirà mai: la magia dei sentimenti più profondi, la voce intramontabile dell'anima.

Come abbiamo visto e scoperto, specialmente in questa interminabile crisi pandemica, tutti i beni materiali possono abbandonarci da un momento all'altro. Le attività economiche crollano, i palazzi da un momento all'altro possono essere distrutti dai terremoti, gli incendi possono trasformare in cenere costruzioni che hanno richiesto anni di lavoro ma nessun uragano potrà scalfire, né creare la fine dei sentimenti in una persona di valore.

Gli uomini come Luigi non hanno alcun bisogno di firmare patti o accordi di convenienza perché la loro parola è una firma senza prezzo, è l'oro della vera nobiltà.

Questa foto è l'epilogo di una bellissima e lunga storia d'amore. Palma, la moglie di Luigi che vedete nella foto accanto a lui, da giovanissima, dopo aver conosciuto lui, ha rinunciato a seguire i suoi genitori ed i fratelli in America, è rimasta in Calabria per amore, dopo aver conosciuto quello che sarebbe diventato l'uomo e l'indivisibile compagno della sua vita.

Aveva capito che il posto nella sua vita era accanto all'Amore.

Un amore vero, proprio come quelli di una volta. Un amore che sopravvive ai disagi e alle lotte e continua ancora a vivere sia nella buona e sia nella cattiva sorte, senza temere la fatica della continua dedizione. Un amore che vuole andare avanti, nonostante tutto.

Sono questi i veri esempi eroici, è questa la vera forza che vince la fragilità e la debolezza: la fedeltà ai progetti di vita ed il rispetto verso la persona che abbiamo accanto. Palma, per amore è rimasta per sempre accanto a Luigi, fino al suo ultimo sospiro e Luigi ha tacitamente dichiarato a Palma, con i suoi grandi gesti affettuosi: *Sarai per sempre la luce dei miei occhi.*

Come racconta sempre la figlia Filomena:

"Noi eravamo tutti molto preoccupati durante il funerale di mia madre, temevamo che papà non

avrebbe retto il colpo, abbiamo temuto in ogni istante che avrebbe potuto reagire in maniera estrema, invece anche in questa circostanza mio padre ha rivelato tutta la sua forza, la sua volontà di reagire. Questi sono i miei genitori nella foto: mia madre in ospedale durante le sue ultime settimane di vita e mio padre accanto a lei a tenerle la mano fino all'ultimo respiro...ed io ho sempre il magone quando li vedo"

Un magone che però si dissolve nel viaggio meraviglioso dell'amore, nei sentimenti eterni che uniscono sempre il cielo alla terra ed i presenti con gli assenti. Le persone a noi care, più lontane sono dai nostri passi, più vicine sono al nostro cuore.

ANNIVERSARIO. "25/01/1956 - 25/01/2006: Auguri a **Luigi Varipapa e Palma Blandino** per il vostro 50° anno di matrimonio dai vostri figli e nipoti tutti: Che la vita continui a sorridervi!"

Tra le persone care di Luigi, ho conosciuto prima la nipote Francesca Zangari, la quale mi ha scritto un messaggio di ringraziamento su Facebook per la lettera da me dedicata a suo nonno. Sempre su Facebook ho avuto modo di conoscere un altro nipote, Lulu il Cirotano che vive in Germania ed era molto dispiaciuto per il tragico evento, che lui aveva definito "un omicidio di stato".

In seguito sono riuscita a rintracciare, ancora una volta sul famoso social, la figlia Mena Varipapa con la quale ho mantenuto sempre i contatti e che mi ha dato delle informazioni preziosi sul vissuto del caro padre.

"Mio padre viveva tranquillamente a casa sua, nato e vissuto sempre a Cirò produceva vino buonissimo nella vigna di sua proprietà. Era molto abile come innestatore, una figura che si occupa delle varie operazioni legate alla potatura, taglia e sfoltisce i rami delle piante. Era un uomo molto riservato e rispettoso, spiritoso e affabile, non amava essere comandato, era uno spirito libero...frequentava volentieri un circolo ricreativo per anziani sul lungomare e si divertiva con le piccole cose. Era un uomo di una volta."

Oltre a Mena, ricordo gli altri figli di Luigi:

Francesco

Letizia

Pasquale

Elisabetta

Carmela

Pino

Annarita.

Ringrazio tutti coloro che mi hanno dato l'opportunità di scrivere questa breve ma, per me, importante storia con la speranza che nuovi orizzonti possano accogliere lo sguardo di LUIGI VARIPAPA e di tutto noi che stiamo convivendo con una delle esperienze più difficile della nostra vita.

Nelle pagine successive scriverò alcuni pensieri che dedico al sorgere di un nuovo sole tra i pilastri della Terra, per Luigi e per ognuno di noi.

Nessuna foglia

può perdersi nel vento

e nessun vento

potrà ignorare

la nuova primavera.

La nuova primavera

Noi non abbiamo paura

dei girasoli strappati dal vento,

continueremo a seminare le perle più preziose

ora nascoste dal buio.

Non ci arrenderemo mai alla profezia

di un paese che si frantumerà

continueremo a dipingere la storia

e i volti stellati di una nuova realtà.

Nasceranno ancora i fiori

nei deserti della solitudine

e il vento ascolterà,

tra nuovi arcobaleni,

il nuovo canto della libertà.

Primavera 2020

Primavera

non tramontare nel silenzio

in questa guerra

che si nutre

di molte vite ancora...

spesso senza lapide

e senza identità.

Non tradirci in questi boati di solitudine e
paura,

in questo tempo

senza volto, né pietà.

Regalaci tu

quell'abbraccio rubato

e la stretta di mano naufragata

in un gelo che or ci stringe forte il cuore.

Eppure ritornerai primavera

insieme ai bimbi tra i banchi di scuola

e ai nonni che parleranno ai fiori

per una vittoria che lentamente ci salverà.

La gente semplice

mi ricorda gli azzurri fiordalisi,

la gente semplice

è il vero volto della libertà.

I sogni bussano

alle porte del cielo

e la speranza si posa

sulle ali di un domani migliore.

Luna

parlami del mondo visto dall'alto

dove tutto diventa più piccolo e invisibile

ed apri per noi

le porte del cielo

dove è sempre più grande

la vittoria dei sogni.

Il freddo non può distruggere

gli alberi sempreverdi

così come l'infamia

non può scalfire

gli onesti.

Vai sempre più in alto

non per conquistare

il cielo

ma semplicemente

per abbracciare

la tua libertà.

Possa il coraggio

abbracciare

la nostra vita

così come l'alba

darà la mano al sole.

Nei cuori buoni

c'è spazio per tutti

ma ricordati

di non approfittare

mai di un cuore buono.

Gli anziani

non sono i vecchi

sono coloro

che dal nulla

hanno reso

nuovo

il mondo!

Alle vittime del Covid

La vostra vita

non sarà orfana

di onori e di memoria:

crescerete

in un nuovo giardino

dove più nessuno

vi strapperà.

Le persone speciali

sono come i cieli

più azzurri

e non saranno oscurate

neanche

dai lampi più ostili

La notte è buia

ma accoglierà

le stelle più belle

così

come l'animo smarrito

troverà

nuovi orizzonti

La tempesta

sconvolge il mare

ma non lo distrugge,

così come

la morte

non può cancellare

la vita

e la memoria

dei nostri cari.

I gabbiani

si fidano

del silenzio

e tu non fidarti

di chi fa troppo rumore.

C'è sempre

una porta aperta

nel labirinto

della vita,

c'è ancora

il sogno di un bimbo

nel cuore di ogni uomo,

c'è sempre un nuovo giorno

che ci aspetta.

Aspetta...

il tempo scioglierà

i nodi più resistenti

e le trame più ingarbugliate

della vita.

Non regalare le tue ali

a chi non oserà

mai volare:

rischieresti

di rovinare

i viaggi più belli

della tua vita.

Luigi

...che la tua nuova vita

possa brillare

come la luce dei diamanti,

al di là delle pietre grezze,

dei muri di cemento

e del buio di ogni notte.

Gli opportunisti

cambiano direzione

come cambia il vento,

gli uomini nobile

come te, Luigi,

seguono

a tutti i costi

la propria direzione.

Le persone nobili

sono come i bianchi cigni:

anche tra gli stracci

spiccano per eleganza.

Le persone coraggiose

Come Luigi

non hanno paura di niente,

sono come l'acqua del mare

e sanno creare

ogni onda

all'altezza

di ogni situazione della vita.

Nella nostra vita

non è mai detta

l'ultima parola:

il cielo si oscura

ma non potrà mai crollare.

Non permettere

a nessuno

di portare l'inverno

nella tua vita

solo perché tu

hai sempre

i colori dell'estate

negli occhi

e nel cuore.

Non ti spaventare:

a volte

proprio con l'ultimo treno

si raggiungono

i primi posti nella vita.

La mente

è il giardino della tua vita,

togli l'erba secca

e coltiva i pensieri più belli:

il meglio per te

deve ancora arrivare.

Caro Luigi

non arrenderti,

non darti mai per vinto,

a volte sono le battaglie perse

il preludio

alla vittoria più grande.

Arriverà il bel tempo,

nuovi germogli nasceranno sulla terra

e tornerà a brillare il sole nella tua vita.

Non sentirti nella terra di nessuna,

pensa al tuo cammino come al sole

quando sorge tra i pilastri della terra.

Sarai ancora la risalita

e non il precipizio,

sarai universo e non solo pianeta.

Avrai il successo e non la delusione.

Diventerai cemento per la pioggia

e sabbia per il sole.

Arriverà il bel tempo

e ti ricorderai

che andrà molto lontano.

chi lascia alle spalle

i frammenti della vita

per poi vivere ancora.

Libertà

non è soltanto

poter spiccare il volo

ma soprattutto

sapere di poter volare.

I vestiti raffinati

non si comprano

da nessuna parte:

sono la stoffa innata

di chi ha l'eleganza

negli occhi

e nel cuore.

Forse gli onesti

non vivranno

in castelli prestigiosi

ma la casa degli onesti

sarà sempre una reggia

di gran prestigio.

Possa nascere per noi

un nuovo mondo

dove i sogni di ogni uomo

avranno meno sete

e le stelle del cielo

uniranno

ancora una volta

i presenti con gli assenti.

Caro Luigi

non importa

quanta luce

abbiano visto finora

le tue fatiche

o quante strade storte

abbiano percorso

i tuoi passi...

ciò che conta

sono gli occhi del cielo

che staranno sempre a guardarti

e ad illuminare

la tua nuova vita.

La spiegazione

di tanti misteri

della nostra vita

è scritta in un libro

che nessuno

ha ancora letto.

Vento del mare

porta via con la tua forza

i timori di ogni uomo,

portali con le vele più potenti

nella terra del sole

dove il mare brillerà

e dove più nessuno

potrà scalfire il cuore.

La saggezza

delle persone anziane

è come un gioiello

custodito in uno scrigno,

non brilla

ma è più preziosa

della luce dei diamanti.

Caro Luigi

vai a testa alta

per ogni buon seme

da te lasciato sulla terra

e ignora l'altrui giudizio:

nel giardino degli onesti

è sempre primavera.

Non sentirti smarrito

tra le pianure abbandonate,

sogna sempre un albero grande

che abbraccia la terra con le sue radici

e sfiora il cielo con i suoi rami.

La speranza

ti darà sempre

un passaggio nella sua nave

mentre attraversi

i naufragi

nei mari tumultuosi

della vita.

Quando incontri il buio

attendi l'alba del nuovo giorno

che volgerà le spalle

anche al buio più denso

per colmare di nuove promesse

lo scrigno della tua vita.

Elisabetta Turano è autrice di molti testi dedicati alla resilienza, all'integrazione della disabilità e vincitrice di numerosi premi letterari, sia a livello nazionale che internazionale.

Si occupa di scrittura creativa e di medicina narrativa presso la Pediatria dell'Ospedale Niguarda di Milano.

(Vedi sito www.elisabettaturano.it)